Ca...
mi tortuguita

Escrito por Elena Castro, Barbara Flores y Eddie Hernández

Celebration Press

An Imprint of Addison-Wesley Educational Publishers, Inc.

Yo tengo una tortuguita que se llama
Canela. Canela tiene una concha dura.
La concha es color café con manchas
amarillas. Es tan fuerte como una roca.

3

4

Mi tortuguita se esconde en su concha. Canela mete la cabeza, la cola y las cuatro patas dentro de la concha cuando se asusta. Además cierra bien la concha para protegerse.

Mi tortuguita no tiene dientes. Canela tiene un pico muy filudo. Lo usa para cortar y masticar su comida.

Mi tortuguita tiene patas cortas con uñas.
Canela tiene cuatro patas escamosas.

Con las patas camina despacito sobre la arena. Con las uñas escarba la arena cuando busca algo.

Mi tortuguita vive en un terrario.
En la casita de Canela hay arena,
piedras y palitos. En un plato, le pongo
agua fresca todos los días. Yo mantengo
limpio el terrario.

Mi tortuguita come
vegetales y frutas.
A Canela le gusta
la lechuga, los tomates
y las frutillas. A veces
le escarbo gusanos como
comida especial.

Mi tortuguita sale en el verano. A Canela le gusta descansar en lugares soleados del jardín. A veces le tengo que ayudar a pararse en las cuatro patas si se da vuelta.

A veces es difícil encontrar a Canela. Se confunde con las hojas del jardín de mi mamá.